MOKOPUNA MATATINI

PANIA TAHAU-HODGES
NĀ STORY HEMI-MOREHOUSE NGĀ PIKITIA

HUIA

He Mihi

E rere ana ngā mihi ki a Marama Jones koutou ko Te Hamua Nikora, ko Maie Rapana, ko te kapa o Te Iti Kahurangi i whakaae mai kia whakaahuatia ō koutou āhua i te pukapuka nei, tēnā koutou.

He mihi hoki ki Te Matatini Society Inc. me te New Zealand Māori Arts and Crafts Institute (NZMACI) i whakaae mai kia whakaahuatia te mahau o Te Matatini i tēnei pukapuka, tēnā koutou.

Hei tāpiri atu, he mihi motuhake ki te ringa toi a Jacob Wilkins-Hodges nāna i waihanga te moko kauae a Nēni. Tēnā koe.

Ko tēnei putanga he mea whakaputa e Huia Publishers i te tau 2021
39 Pipitea Street, Pouaka Poutāpeta 12-280
Te Whanganui-a-Tara, Aotearoa
www.huia.co.nz

I tāia anōtia i te tau 2022

ISBN 978-1-77550-619-5

Kei te pātengi raraunga o Te Puna Mātauranga o Aotearoa te whakarārangi o tēnei pukapuka.

I whakaputaina me te ringa tautoko a:

creative nz
Arts Council of New Zealand Toi Aotearoa

Te Matatini
Kapa Haka Aotearoa

New Zealand Māori Arts & Crafts Institute
Ngā Kete Tuku Iho

Mō tōku māmā me tōku pāpā, a Chris rāua ko Tai xx

Mō Turi rātou ko Jacob, ko Matariki, ko Tairoki, ko Hitira'a Mahana, ko Buckwheat, ko Nahla xx

Mō Karina Ngaropo hoki – te Kuīni o Te Matatini xx

Ko tōku kuia tēnei a Nēni.

Ko ia te tino kuia o ngā kuia.

He kuia ruku kaimoana a Nēni,
he toa hoki ki te hoe waka.

Heoi, ko te mahi e tino
ngākaunui ana a ia ...
ko te mahi kapa haka!

E ai ki tōku koro, he whetū rongonui a Nēni.

"Ka pūkana ana a Nēni, kei raro te rā e putu ana!" te kī a Koro.

"Aiii, kāti te rūpahu," te hamumu humārie a Nēni.

"Tērā te wā i pakaru i a Nēni
te pou karaka nui o te tāone,
nā te oro tioro rawa o tōna reo!"
te kōrero a Koro.

"Me mutu te kutukutu ahi,"
ko tā Nēni.

Ko tō Nēni tino pūkenga ko te Wheke Whakamataku – āna, koia rā te mahinga poi uaua rawa atu i te ao.

Ko ia anake te tangata matatau ki tēnei mahi.

I ia rua tau, haere ai mātou ki te tino huinga o te ao, ki ... Te Matatini!

Whakapau werawera ai mātou
ki te whakarite mō Te Matatini.

TE PŌHIRI

I te rā tuatahi o Te Matatini, maru ana te papa
i te tini me te mano o ngā kaihaka toa.

Ka haere hoki mātou ki te tirotiro
i te wāhi noho mā te hunga mātakitaki.

"Kei konei tonu Te Pū Nōhanga o Te Matatini!

Hei te ata, ina huaki ana ngā kēti,
me oma mai tātou ki tēnei wāhi –
ānō nei e whaiwhai ana i te taraka aihikirīmi!"

I te pō i mua i te whakataetae, kore rawa mātou mō te moe.

"Ko wai tō tino rōpū?"

"Pēhea tō tino kaihaka?"

"Ko wai ka toa mō te manukura tāne?"

"Ka taea e koe tēnei nekehanga poi?"

Ahakoa te moe tonu a Tamanuiterā,
ka tae atu mātou ki te kēti, whakarārangi ai.

Ka hoki atu mātou ki te moe.

Engari anō a Nēni – nā te mea e mōhio ana ia ki ngā tāngata katoa.

Ka tae ki te whitu karaka, kātahi au ka kite i tētahi āhua!
He oma tere. He oma parahutihuti.
He oma e kīia nei ko te Omanga Pouaka Mātao!

Oma atu tēnā whānau me tōna pouaka kai, tēnā whānau me tōna!

Kei runga rā o te papa ko te Whare Raukura.
Ko tā te kōrero, kei roto rā he rama taimana,
he tūru huruhuru pīkaokao hoki.

He tōmina nōku kia uru ki te Whare Raukura. Heoi,
hei tā Nēni, kāre i te pai ki a ia ngā huruhuru pīkaokao.

Ko te kapa tuatahi ka eke ki te atamira ko Te Kohinga.
Haruru mai ana te minenga.

I te rōreka mai o te waiata tuatahi, kua whakamīharo katoa te minenga. Ka kitea te ātaahua o ia kaihaka.

Kātahi ka waiata mai te manukura wahine me tōna kotahi,
ānō nei he korokoro tūī.

Ka noho pērā mātou mō te roanga atu o te rā.

Heke iho he kapa, ara mai rā he kapa.
He nui whakaharahara te katoa.

TE RĀ TUARUA O
TE WHAKATAETAE
HUIA

Ao ake, ka haere mātou ki te tirotiro ki ngā toa hokohoko.

E mōhio ana a Nēni ki ngā tāngata katoa. Kua hīkoi, kua hongi. Kua hīkoi, kua kihi. Kua hīkoi, kua awhi.

I te hipa atu i te Whare Raukura, ka kitea pea te pīataata mai o tētahi taimana.

I te hokinga ki te nōhanga, ka pānui a Nēni i te hōtaka mō te rā.

"Mokopuna mā, kei te mura o te ahi tātou! Te āhua nei, ko te wāhanga o te rangi nei ... ko te Puna o te Mate!"

"Nē rā??!!"
"Pono mārika!"

Ka mātakitaki mātou i ngā kapa katoa tae noa ki te rōpū whakamutunga.

TE RĀ TUATORU O TE WHAKATAETAE

I te aonga ake ...

“E hika mā! He whakataetae pūkana kei te haere! Ka riro i te toa he tīkiti ki te Whare Raukura mō te whiringa toa āpōpō!”

“Nēni, ko koe tēnā! Kāore he tangata i tua atu i a koe mō te pūkana!”

Ka hā ki waho a Nēni, kātahi ka haere tōtika atu ia ki te kaipānui i runga i te atamira. Ka huri ia ki te minenga, ka mārō tōna tū ... kātahi ...

VIP
THC
Te Iti ♡ Kahurangi
Tū Te Maungaroa
KŌRERO MĀORI

... ka PŪKANA mai a Nēni!

Ko ētahi i hinga ki raro.
Ko ētahi i hiki i ngā ringa ki te ārai atu i te ātaahua!

"Inā kē koe, e kui! Ko koe te toki o te whakataetae nei!"

I tērā pō ...

“Kia tere mai ō koutou whakatau mō ngā kapa ka eke ki te taumata!” te kī a Nēni.

Ka moea te pō, ko te whiringa toa me te Whare Raukura kei ō mātou moemoeā ...

TE RĀ O TE WHIRINGA TOA: TE MATANGIRUA

Auina ake i te Whare Raukura ...
Ahakoa haere ki hea, e mōhio ana a Nēni ki ngā tāngata *katoa.*

"Karekau he taimana, engari titiro ki te hākari nei!"

Ka tū mai ngā kapa haka toa, ka whakaatu mai i ō rātou pūkenga ki te ao. Kei te pae ikeike o manahau te marea.

Ko te kapa whakamutunga taku tino rōpū, ko Te Kohinga. Ka tīmata te poi, he manawataki te pātuki.

Kātahi ...

"Nēni! Titiro ... te Wheke Whakamataku!"

Ka hurō te papa ki te wahine rā me tōna toa nui whakaharahara.

Ka oho mauri katoa tōku ngākau i te harikoa.

I te mutunga o te rā ...

"Ko te toa whakaihuwaka ko ... Te Kohinga!"

Ko tēnei te tino huinga Matatini o ngā huinga Matatini katoa. Kua ngata te hiakai o te ngākau, kua kī i te waiata, i te haka, i te pūkana, me te aroha hoki.

Ka toko ake te whakaaro, e kore rawa e taea te whakapai ake i tēnei rā. Heoi ...

“Whaea! Me pēhea taku whakamihi i a koe? Mei kore ake koe hei tautoko mai!”

Ka taka kē taku waha ki te papa.

Kātahi ka whakapiri atu mātou ki taku tino kaihaka mō te kiriāhua!

"Nēni, i pēhea tō mōhio ki a ia!!?"

"E taku mokopuna Matatini, ka pēhea rānei tana ako i te Wheke Whakamataku?"

"Ā, kia maumahara koe – e mōhio ana tō Nēni ki ngā tāngata katoa!"

HE KUPUTAKA

1 hoa matatini

Ko te hunga ka noho ki ō tahataha i Te Matatini. Tērā pea kāore koe i te paku mōhio ki a rātou i te tīmatanga o te huinga. Heoi, tae atu ki te mutunga, kua pakari te hononga i waenganui i a koutou nā te noho tahi, te kai tahi, te mātakitaki tahi, me te aroha nui ki te kaupapa o Te Matatini.

2 pou karaka nui o te tāone

Ānō nei he karaka nui e tū ana ki tētahi pou teitei i te pito o te tāone. Kei Tūranga tētahi, kei Heretaunga tētahi, kei Hokitika tētahi anō. Ki te pakaru te pou karaka nui o te tāone, kua raru katoa te hunga noho ai ki reira. Ka tūreiti rātou mō ngā huinga katoa – engari mō te wā tina!

3 Te Wheke Whakamataku

Ko tēnei te nekehanga poi uaua rawa i te ao. Me mau te kaihaka ngā poi e waru ki ia ringa, ka hikina ki runga i te upoko me te porotiti haere.

ME TŪPATO: kei patua ō whatu, kei whīwhiwhi ō poi ki tō kakī, kei patua rānei tā tō kuia kapu tī mai i tōna ringa tonu.

4 Te Omanga Pouaka Mātao

He tino āhuatanga tēnei o Te Matatini. I ngā ata o ngā rā whakataetae, he moata rawa te taenga mai o ngā kaimātakitaki ki te papa. Ka huakina mai te kēti, ka oma mai te hunga nei me ā rātou pouaka mātao kia whai nōhanga pai i mua i te atamira.

5 Te Pū Nōhanga o Te Matatini

Ko tēnei te tino wāhi noho i Te Matatini – te pito o te papa. He āhua tekau mā rima mita i mua i te atamira, i waenganui pū tonu. Kia kaua e tawhiti rawa i te atamira, kei kore koe e kite i te wehi o ngā kaihaka. Kia kaua hoki e pātata rawa, kei kore koe e kite i ngā nekehanga ā-rōpū o ngā kapa.

6 Te Whare Raukura

He whare motuhake tēnei mō te hunga kāore rātou mō te uru ki te Omanga Pouaka Mātao (tirohia ki runga rā). Tērā ko ngā mēma o te whare Pāremata, ngā whetū o te ao kiriata, o te pouaka whakaata hoki, me te hunga whai rawa.

7 **kaiwhakawā manakore**

He tangata e ngākaunui ana ki te mahi kapa haka, he nui ōna pūkenga me tōna mōhiotanga ki tēnei ao. Ahakoa te aha, he upoko mārō, he tangata ū ki tāna e whakapae rā mō te kapa ka toa. Heoi, kore rawa tōna mana hei kaiwhakawā – he kaimātakitaki noa iho. He tangata noho tūru. Koia rā!

8 **Te Puna o te Mate**

He putaputa āhua tēnei ka hua mai i te angitu o ngā kapa katoa. Nā tēnei āhuatanga, tērā ētahi kapa haka ka kore pea e eke ki te taumata o Te Matangirua (arā, ko te whiringa toa o Te Matatini) nā te pai ake o ērā atu kapa. Te pōuri hoki.

9 **Te Matangirua**

Ko tēnei te whiringa toa o Te Matatini. Ki te eke tō kapa ki tēnei taumata, kua mōhio pū ahau ki tō ingoa, ki tō wāhi tū i te rārangi o tō kapa, me ō nekehanga katoa.

10 **kiriāhua**

He whakaahua o tō āhua, nāu anō i tango. He mātanga a Nēni ki tēnei mahi me ōna ngutu rakiraki.